Colorea tu viaje

DESTINOS DE ESPAÑA

DESTINOS DE ESPAÑA
40 láminas misteriosas para colorear por números
1.ª edición
geoPlaneta
Diagonal 662-664. 08034 Barcelona
info@geoplaneta.es — www.geoplaneta.com

© Editorial Planeta, S.A., 2025
© Diseño de colección y elaboración de láminas para colorear: Sophie Guët, 2025

© Imágenes: SHUTTERSTOCK: Kristina Bilous (Cádiz, Cantabria), alaver (Fuerteventura, Huesca, Jaén), Kostenko Maxim (La Rioja), Art Studio VN (Málaga, Mallorca, Marbella, Murcia, Pamplona, Granada, Santander, Tenerife), Vector_Up (Sitges); FREEPIK: Freepik (Aragón, Asturias, Barcelona, Ibiza, Galicia, Sevilla, Valencia), vagust (Almería, Soria), Flowo (Bárdenas Reales), chandan (Delta del Ebro), Annadomenika (Doñana), enwidiarti (Extremadura), Boboshko-Kuzmych Olga (Formentera), TriArts (La Gomera), jemastock (La Mancha), cartoonstock (Madrid), TeeHome (Ordesa, San Sebastián), officialtrtasfiq (Pirineos), kubanek (Ronda), nipnoob (Tarifa); SOPHIE GUËT (Empúries, L'Estartit).

ISBN: 978-84-08-30810-2
Depósito legal: B. 11.088-2025
Impresión y encuadernación: TG Soler
Printed in Spain — Impreso en España

Colorea tu viaje

DESTINOS DE ESPAÑA

40 láminas misteriosas para colorear por números

ANTES DE EMBARCARTE EN ESTE VIAJE, ALGUNAS RECOMENDACIONES:

1

Prepara tus lápices de colores: Si vas a pintar con lápices, afílalos bien para llegar a las partes más delicadas. Recurre a materiales de buena calidad y, si deseas mayor cobertura, usa lápices grasos aplicando capas finas una sobre la otra.

2

Si prefieres rotuladores opta por los de doble punta: fina para detalles y bordes, gruesa para el relleno. Coloca un folio bajo la lámina para evitar que la tinta traspase el papel.
Los rotuladores acrílicos son más opacos y ofrecen mayor cobertura.

3

Consulta el muestrario de colores en las solapas, donde encontrarás los destinos ordenados alfabéticamente. Además, a continuación verás ejemplos de las láminas ya coloreadas. Tanto si usas lápices como rotuladores, cuanto más amplia sea tu gama de colores mejores resultados obtendrás.

4

¡Déjate llevar y disfruta!: Llévate este cuaderno a tus vacaciones, a una escapada de fin de semana o simplemente para un momento de relax. Tienes múltiples diseños y lugares por descubrir.

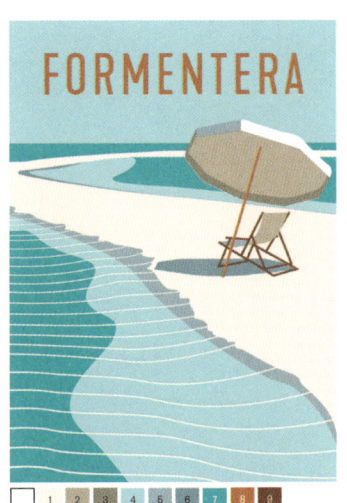

ALMERÍA

1 2 3 4 5 6 7 8

ARAGÓN

LAGUNA DE GALLOCANTA

1 2 3 4 5 6 7 8

ASTURIAS

1 2 3 4 5 6 7 8 9 10 11

BARCELONA

1 2 3 4 5 6 7 8

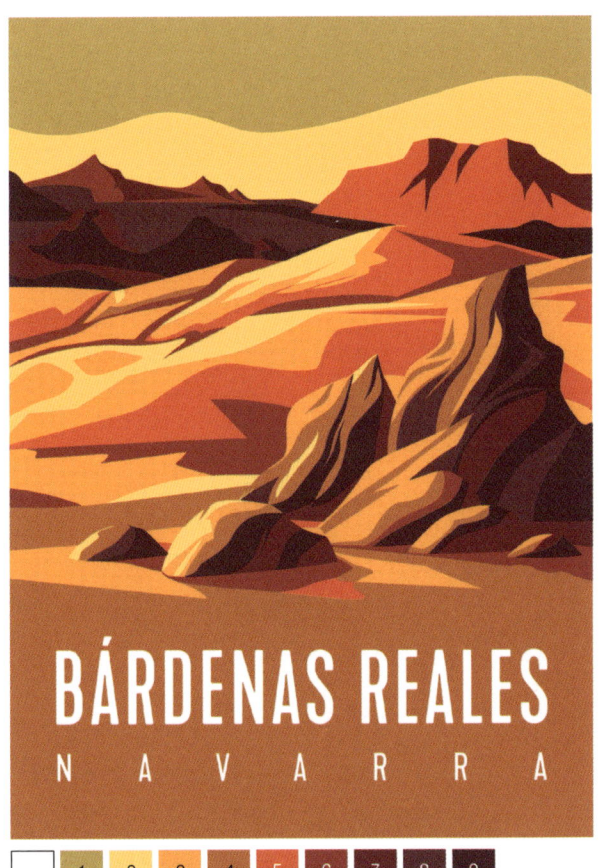

BÁRDENAS REALES
N A V A R R A

CÁDIZ

CANTABRIA

CUENCA

DELTA DEL EBRO

| | 1 | 2 | 3 | 4 | 5 | 6 | 7 | 8 | 9 | 10 |

DOÑANA
PARQUE NACIONAL

| | 1 | 2 | 3 | 4 | 5 | 6 | 7 | 8 |

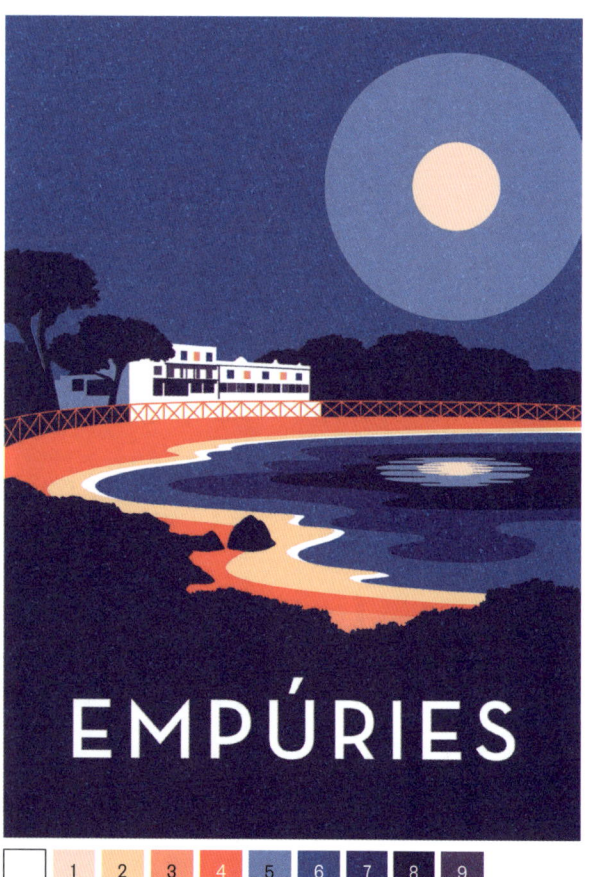

EMPÚRIES

| | 1 | 2 | 3 | 4 | 5 | 6 | 7 | 8 | 9 |

EXTREMADURA

| | 1 | 2 | 3 | 4 | 5 | 6 | 7 | 8 |

FORMENTERA

| | 1 | 2 | 3 | 4 | 5 | 6 | 7 | 8 | 9 |

FUERTEVENTURA

| | 1 | 2 | 3 | 4 | 5 | 6 | 7 |

GALICIA

| | 1 | 2 | 3 | 4 | 5 | 6 | 7 | 8 | 9 | 10 | 11 |

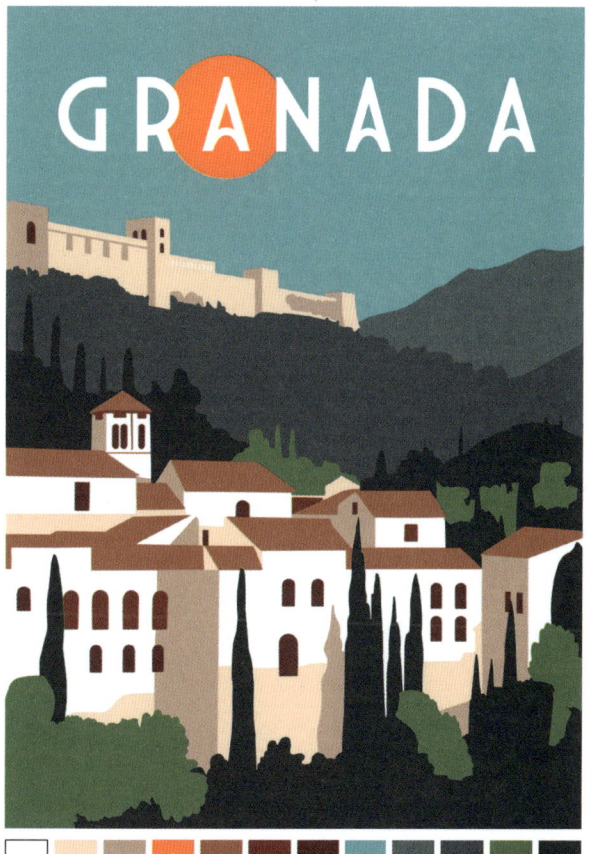

GRANADA

| | 1 | 2 | 3 | 4 | 5 | 6 | 7 | 8 | 9 | 10 | 11 |

HUESCA

| | 1 | 2 | 3 | 4 | 5 | 6 | 7 | 8 | 9 |

IBIZA

| | 1 | 2 | 3 | 4 | 5 | 6 | 7 | 8 | 9 | 10 | 11 |

JAÉN

| | 1 | 2 | 3 | 4 | 5 | 6 | 7 | 8 | 9 |

L'ESTARTIT
COSTA BRAVA

| | 1 | 2 | 3 | 4 | 5 | 6 | 7 | 8 | 9 | 10 |

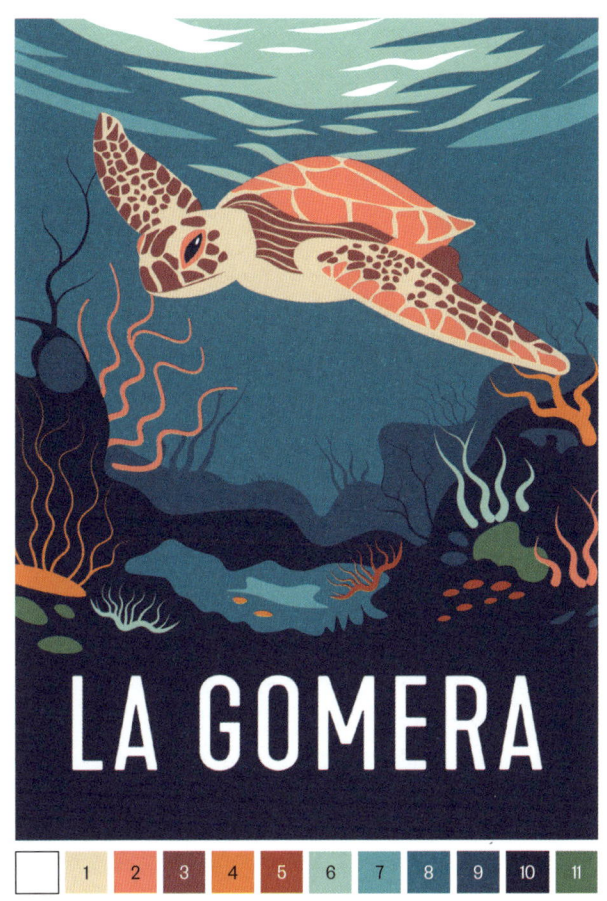

LA GOMERA

LA MANCHA

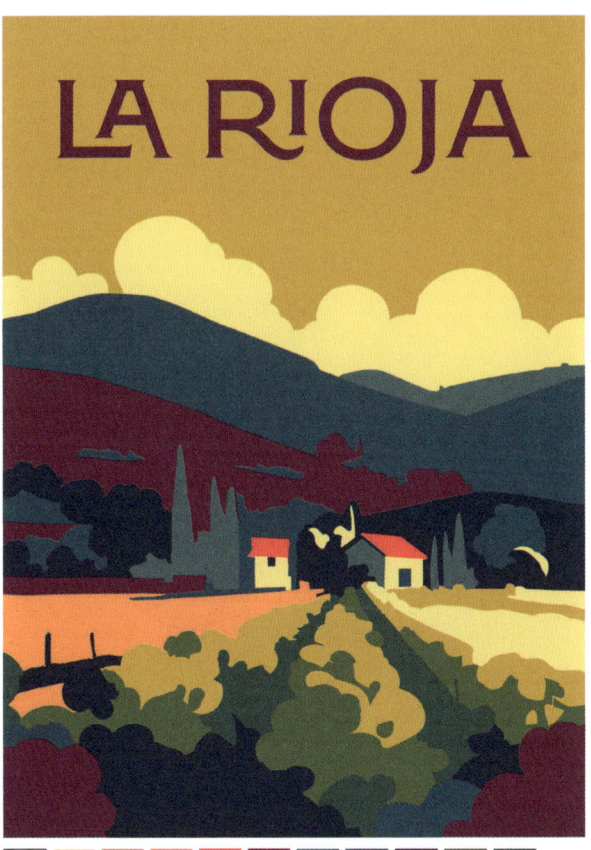

LA RIOJA

MADRID

MÁLAGA

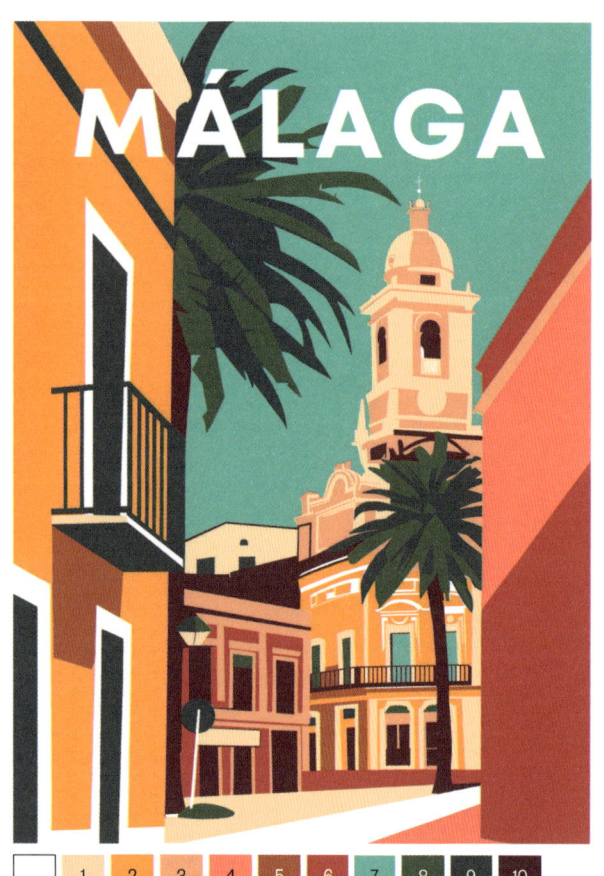

| | 1 | 2 | 3 | 4 | 5 | 6 | 7 | 8 | 9 | 10 |

MALLORCA

| | 1 | 2 | 3 | 4 | 5 | 6 | 7 | 8 | 9 |

MARBELLA

| | 1 | 2 | 3 | 4 | 5 | 6 | 7 | 8 | 9 | 10 | 11 |

MURCIA

| | 1 | 2 | 3 | 4 | 5 | 6 | 7 | 8 | 9 | 10 |

ORDESA

PAMPLONA

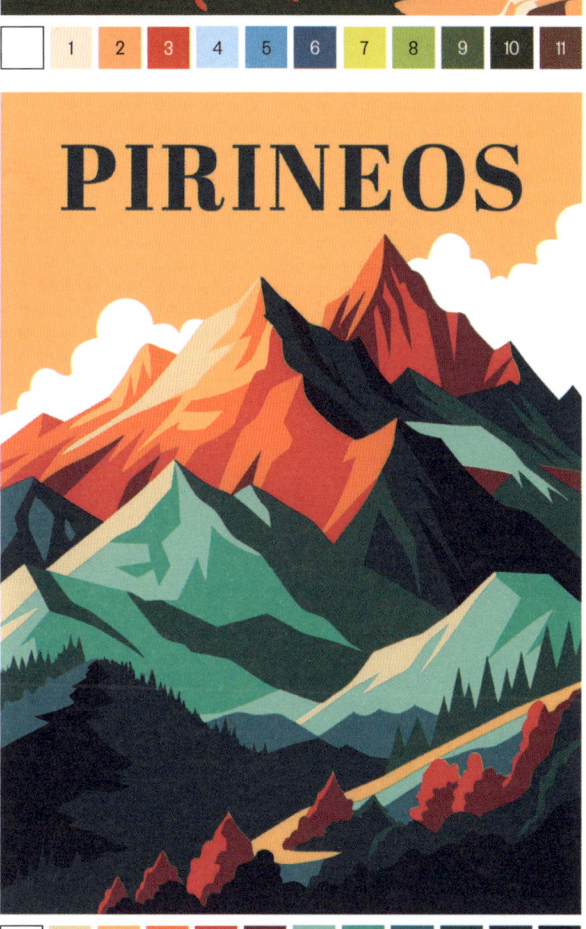

PIRINEOS

RONDA

SAN SEBASTIÁN

| | 1 | 2 | 3 | 4 | 5 | 6 | 7 | 8 | 9 | 10 | 11 |

SANTANDER

| | 1 | 2 | 3 | 4 | 5 | 6 | 7 | 8 | 9 | 10 |

SEVILLA

| | 1 | 2 | 3 | 4 | 5 | 6 | 7 | 8 | 9 |

SITGES

| | 1 | 2 | 3 | 4 | 5 | 6 | 7 | 8 | 9 | 10 |

SORIA
POZO DE LAS TRUCHAS

| 1 | 2 | 3 | 4 | 5 | 6 | 7 | 8 | 9 | 10 |

TARIFA

| 1 | 2 | 3 | 4 | 5 | 6 | 7 | 8 | 9 |

TENERIFE

| 1 | 2 | 3 | 4 | 5 | 6 | 7 | 8 | 9 | 10 |

VALENCIA

| 1 | 2 | 3 | 4 | 5 | 6 | 7 | 8 | 9 |

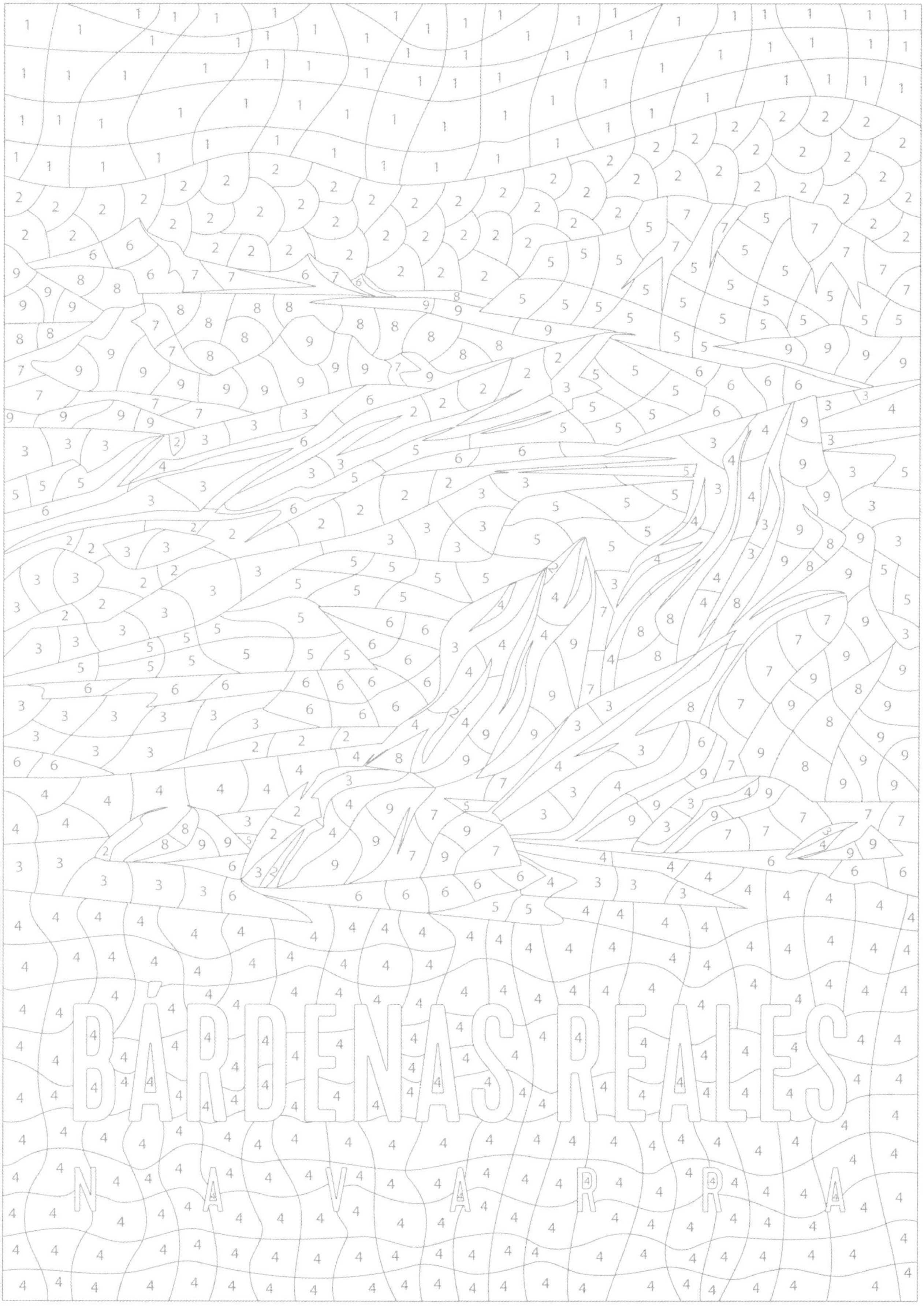
BÁRDENAS REALES
NAVARRA

GALICIA

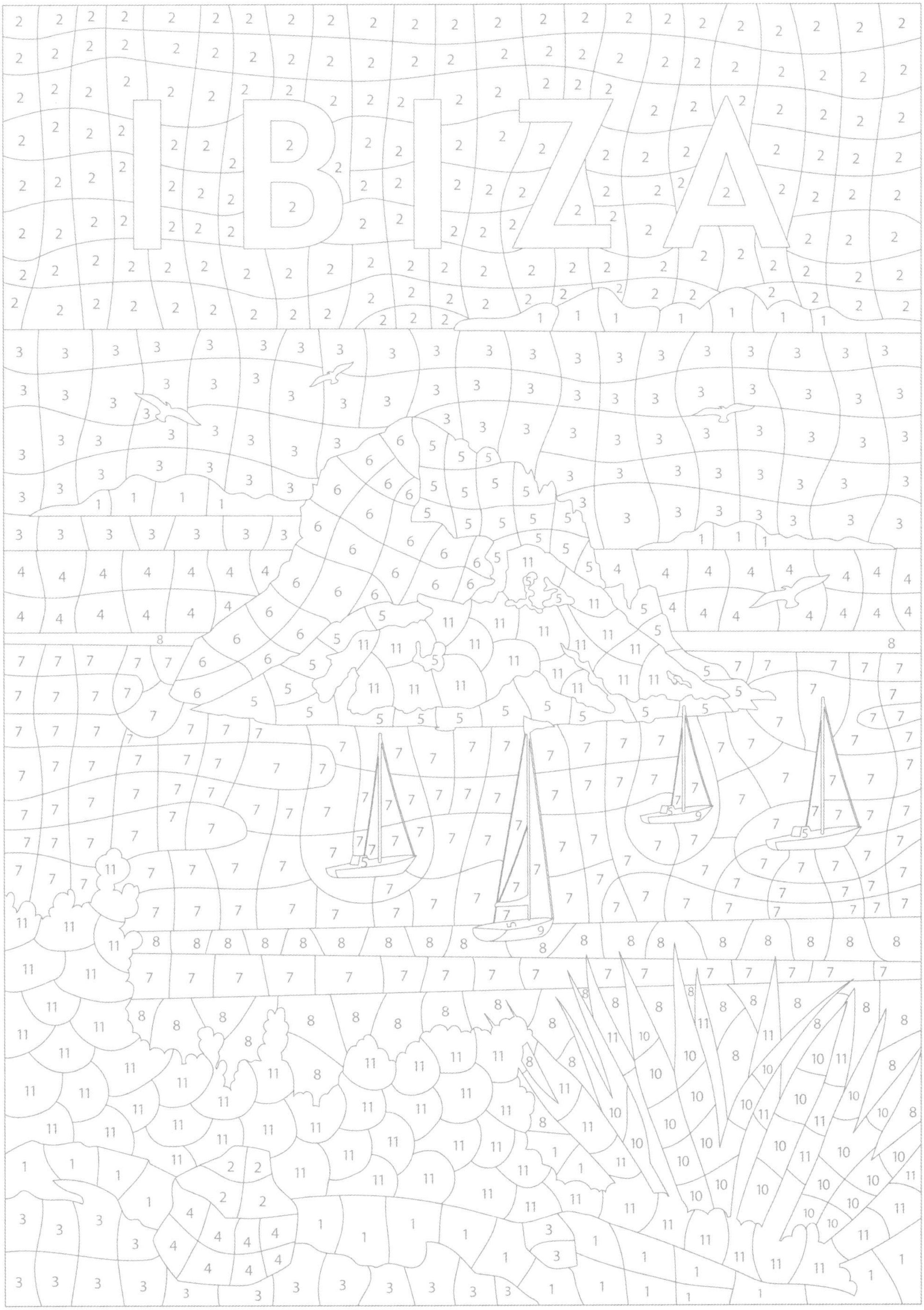
IBIZA

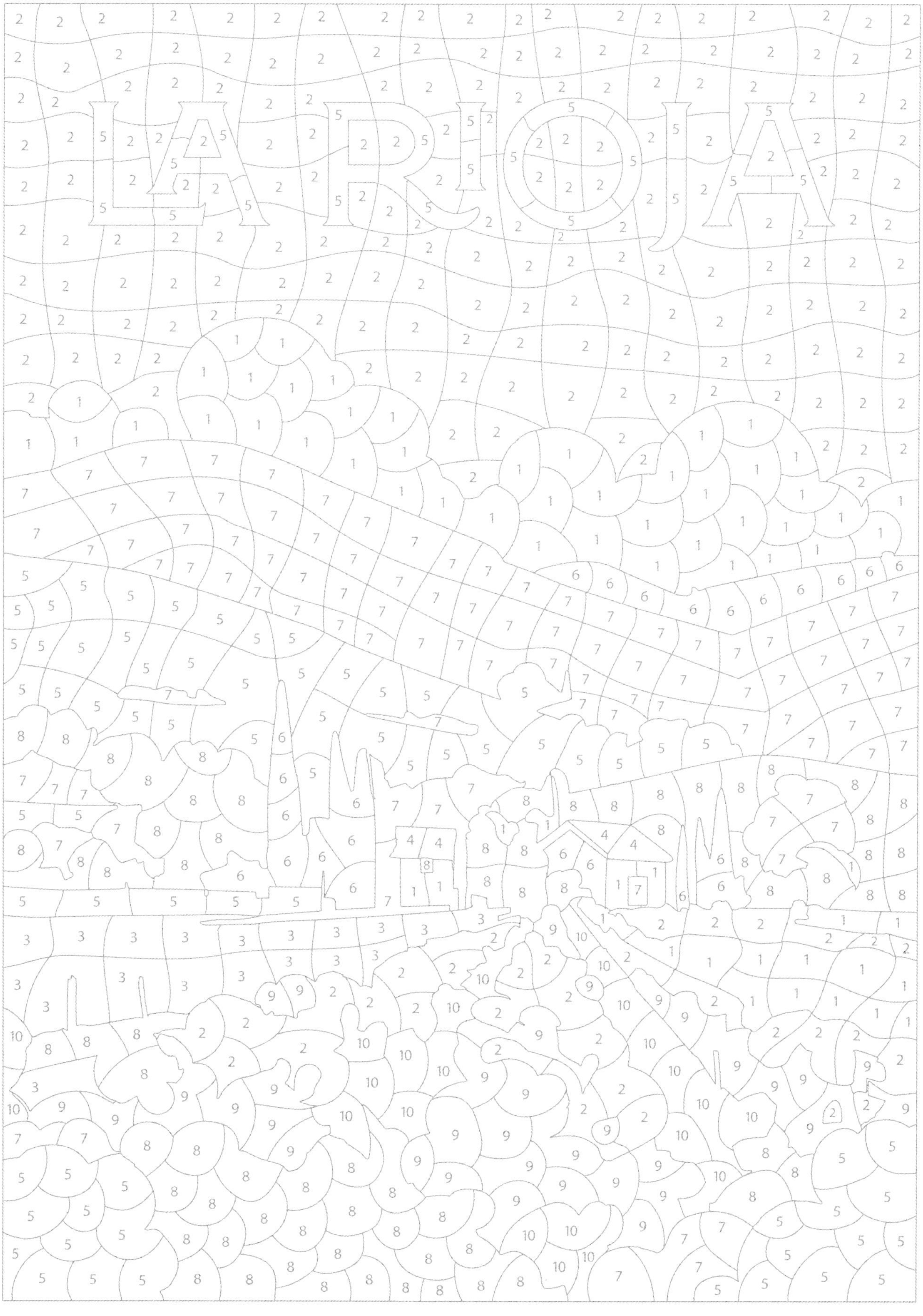
LA RIOJA

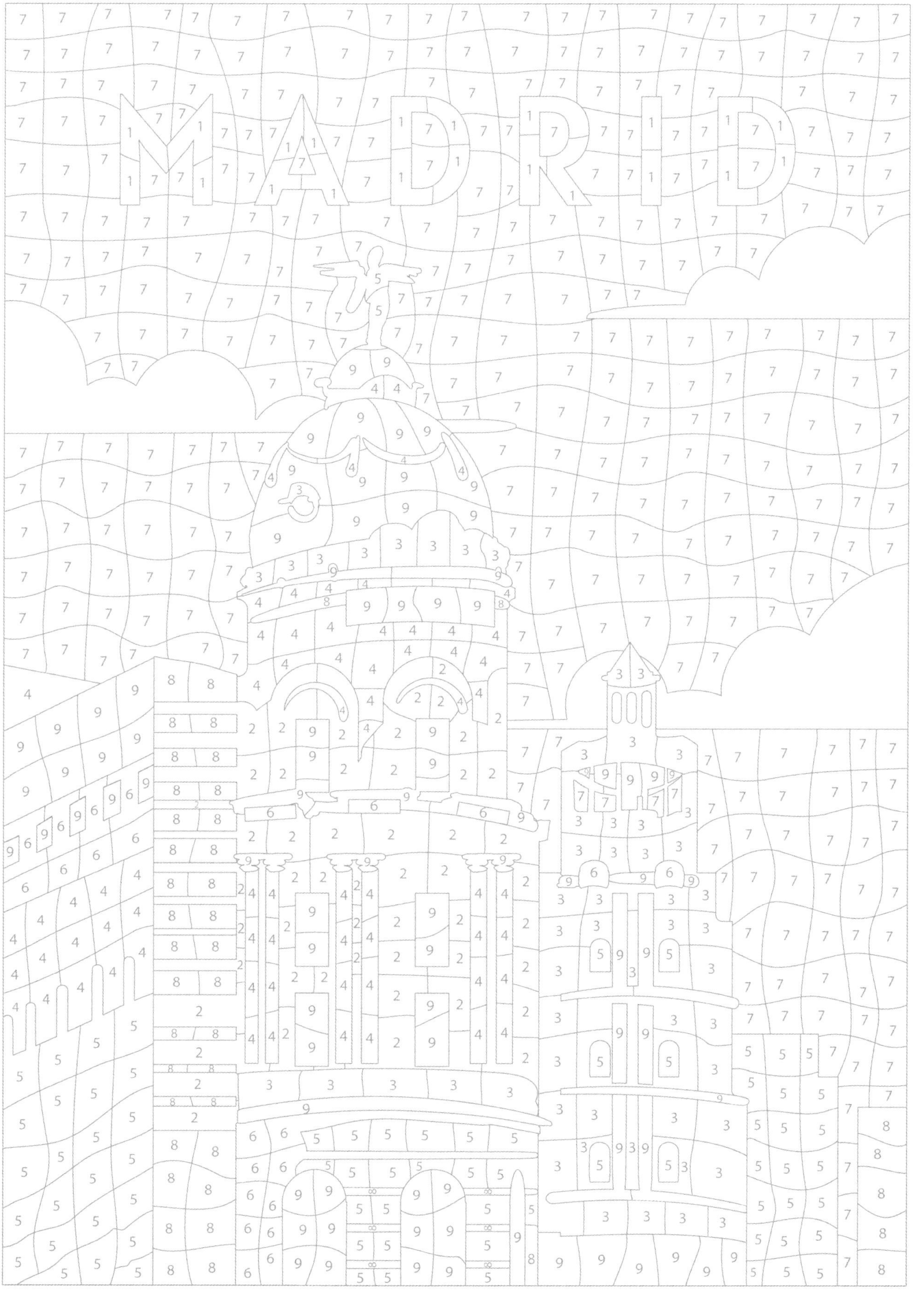
MADRID

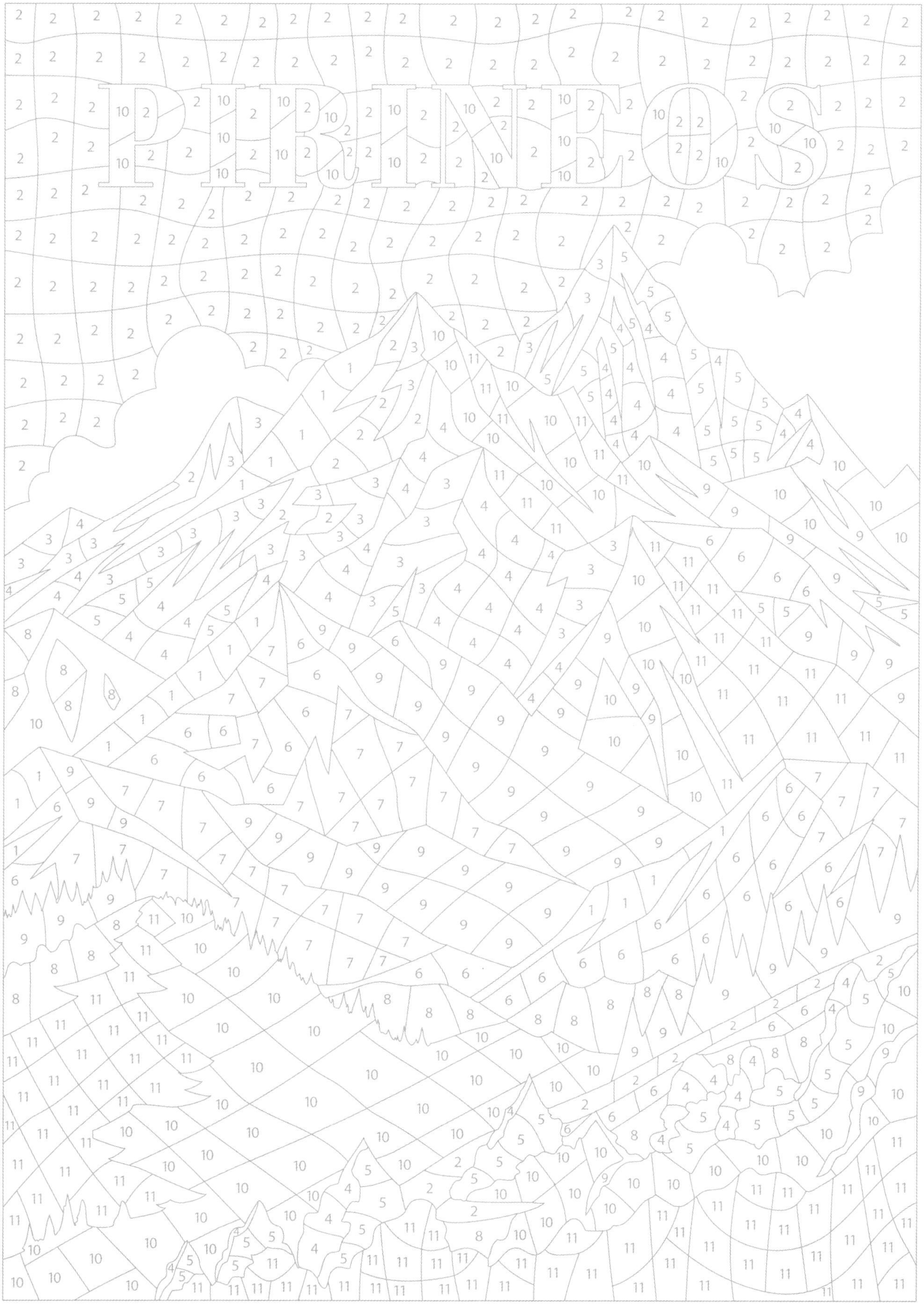
PIRINEOS

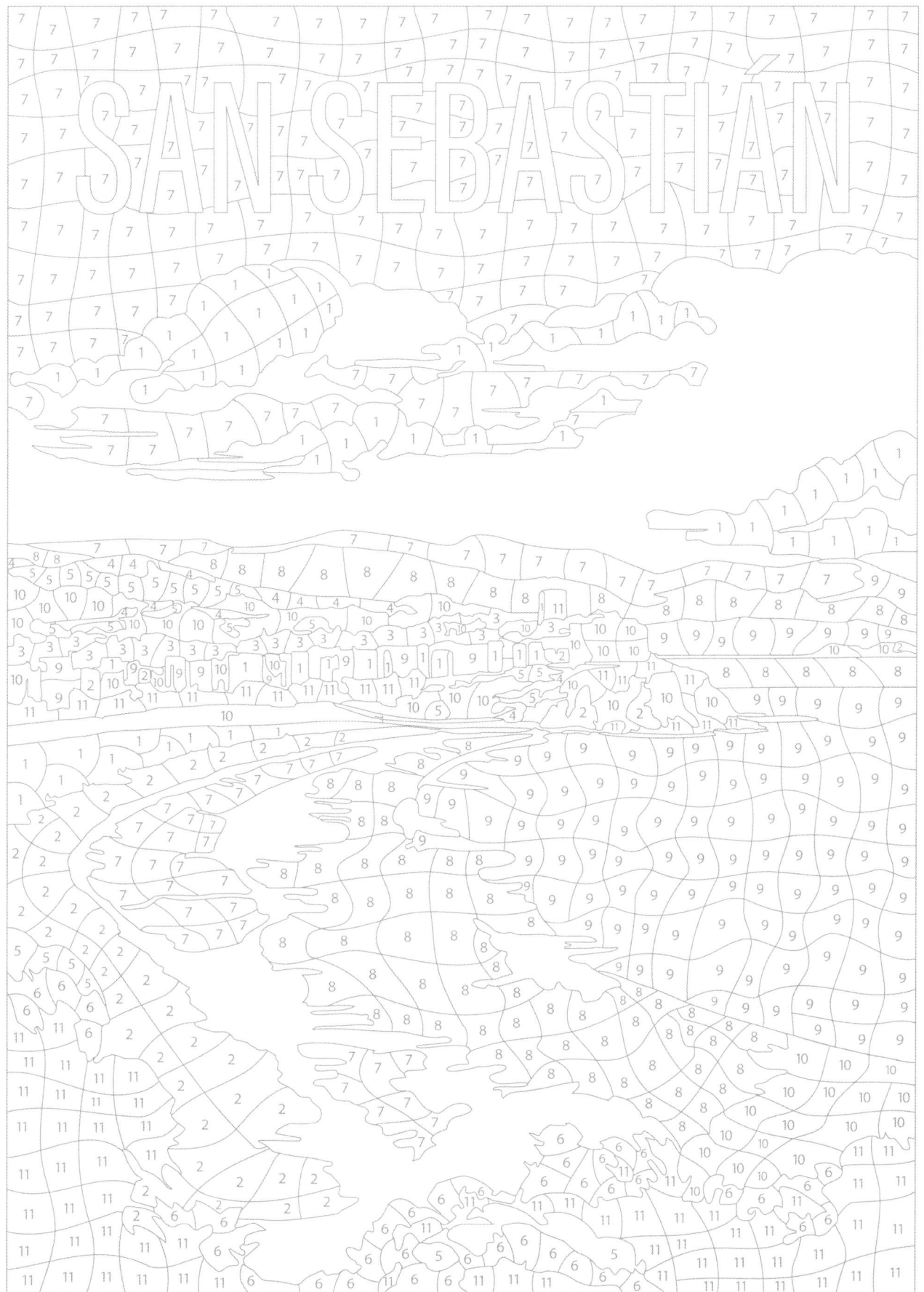

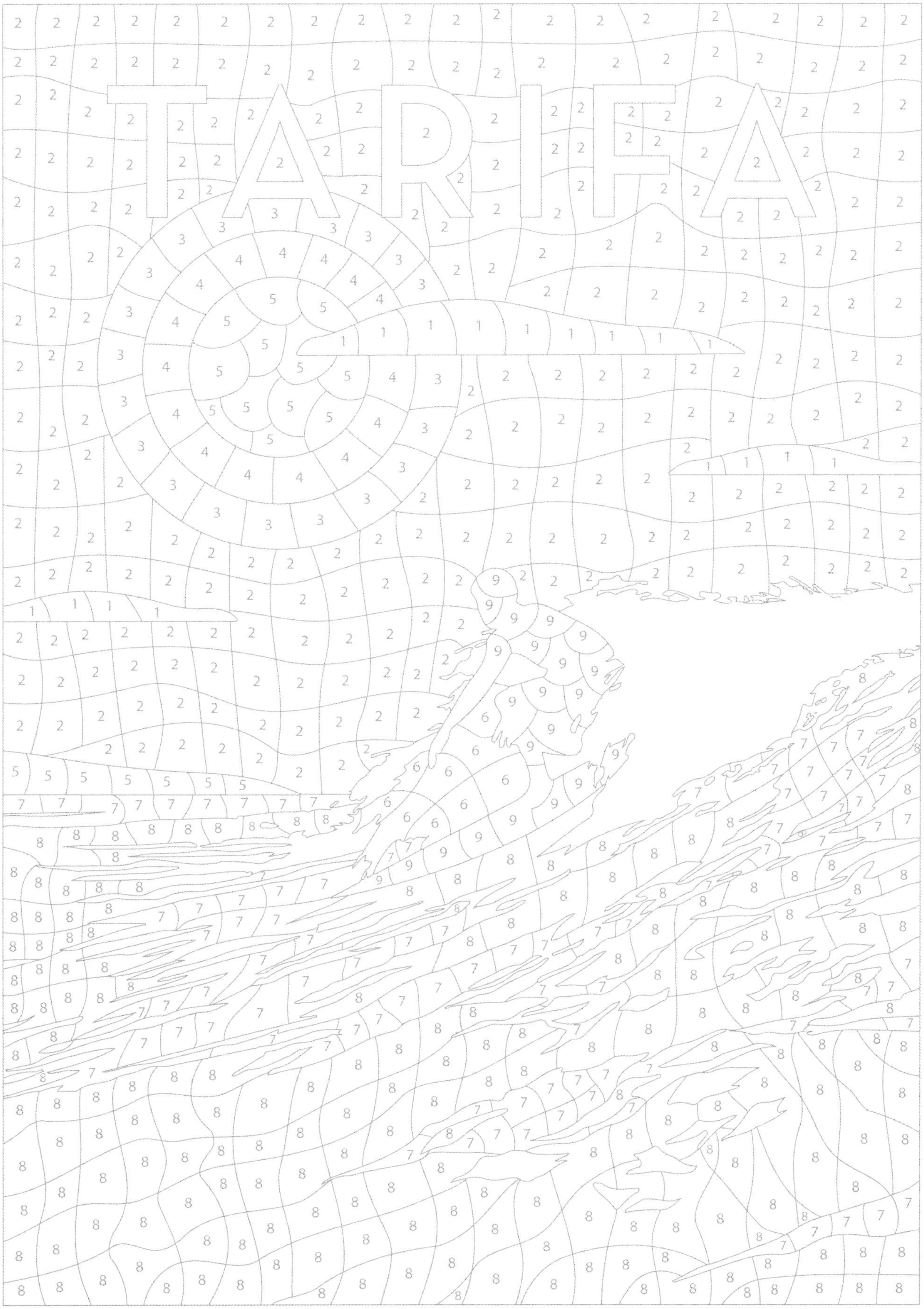
TARIFA